AF503539

CATALOGUE

DES

ESTAMPES ANCIENNES

LITHOGRAPHIES

ET

EAUX-FORTES MODERNES

PAR

MÉRYON, MILLET, ROUSSEAU, ETC.

Composant la collection de feu M. SENSIER

DONT LA VENTE AUX ENCHÈRES PUBLIQUES AURA LIEU

HOTEL DROUOT SALLE N° 3

Le Lundi 17 Décembre 1877

A UNE HEURE ET DEMIE PRÉCISES

Par le ministère de Me **CH. PILLET**, Commissaire-Priseur,

Assisté de **M. CLEMENT**, Marchand d'Estampes de la Bibliothèque Nationale
3, rue des Saints-Pères,

Chez lesquels se trouve le présent Catalogue.

EXPOSITION PUBLIQUE : Le Dimanche 16 Décembre 1877

De deux heures à cinq heures.

CONDITIONS DE LA VENTE

Elle sera faite au comptant.

Les adjudicataires payeront *cinq pour cent* en sus des enchères.

L'exposition mettant le public à même de se rendre compte de l'état des objets, il ne sera admis aucune réclamation une fois l'adjudication prononcée.

L'Expert chargé de la vente se réserve la faculté de rassembler ou diviser les lots.

A la fin de la vacation il sera vendu un grand nombre d'Estampes non cataloguées.

Paris. — Typ. Pillet et Dumoulin, 5, rue des Grands-Augustins.

DÉSIGNATION

DES

ESTAMPES

ALLEMAND.

1. Paysages. Deux pièces gravées à l'eau-forte. Très-rares.

AMAND-DURAND (Héliogravure).

2. Eaux-fortes et gravures des maîtres anciens, tirées des collections les plus célèbres. Dix livraisons contenant chacune dix planches. Exemplaire non monté.

BASSET (à Paris, chez).

3. Almanach pour la présente année 1792. La scène représente le roi acceptant et signant la constitution, dans l'intérieur de la salle du Manége à Versailles.

4. Almanach pour la présente année 1793. La scène représente l'Attaque des Tuileries dans la journée du 10 août 1792.

BEISSON (E.).

5. Portrait de Marat. Très-belle épreuve avant la lettre.

BOILLY (d'après).

6. Porte-drapeau de la fête civique, gravé par Copia. Épreuve avant la lettre.

BONINGTON (R.-P.)

7. Eglise Saint-Sauveur à Caen. — Rue du Gros-Horloge, à Rouen. — Tour du Gros-Horloge, bâtie sous la domination des Anglais en 1417, Evreux. Trois pièces. Epreuves sur chine.

8. Pièces tirées du voyage en Écosse et du Voyage dans l'ancienne France. Dix pièces.

BOUCHER (d'après).

9. Les Baigneuses. — Berger donnant une leçon de flûte à une jeune femme nue, assise dans un paysage. Deux pièces faisant pendant, gravées aux trois crayons par Demarteau. Très-belles épreuves avec marge.

10. Les Présents du berger, gravé par Lempereur. Belle épreuve.

11. Suite de dix vignettes pour le roman d'Acajou et Zirphile. — Vignettes par Moreau et Cochin. 20 pièces.

BOULARD (fils).

12. Paysages gravés à l'eau-forte, d'après Jules Dupré. Neuf pièces et le portrait du peintre d'après Boulard père.

BROWN (J. Lewis).

13. Différents essais d'eau-forte. — Eaux-fortes des tableaux de la vente Koucheleff-Besborodko. Épreuves de premier tirage. 23 pièces.

BRUNET-DEBAINES.

14. Différents monuments de Paris et de France. — Paysages. 32 pièces, plusieurs sont sur papier du Japon.

CARICATURES.

15. Caricatures parisiennes : Le Goût du jour. — Le Suprême Bon Ton. — Garde à vous, etc. 27 pièces. Rares.

16. Inconvénients d'un voyage en diligence, par Leprince. — La Journée d'une actrice, par Ed. Wattier. 24 pièces.

17. Caricatures anglaises et françaises, le Bon genre, musée grotesque, caricatures politiques sur Napoléon, Cambacérès et personnage de la Restauration en 1815. 72 pièces.

CHARLET (N.-T.).

18. Poste avancé (24). — Déroute de cosaques (26). — Colonne d'infanterie en marche (27). — La Consigne (29). — La Bienvenue (35). — Le Grenadier de Waterloo (39). Cinq pièces.

19. Le Grenadier de Waterloo (39). — Le Français après la victoire (43). — La Mort du cuirassier (44). — Les Maraudeurs (49). — Les Invalides en goguette (50). — Le Grenadier manchot (51). Six pièces.

20. M. Pigeon en grande tenue (53). — Le Peintre d'enseignes (57). — Infanterie légère montant à l'assaut (66). — Siége et prise de Berg-op-Zoom (67). — Courage, résignation (68). — Le Caporal blessé et son chien lui léchant la blessure (69). Six pièces.

21. Pièces imprimées chez Delpech, n°s 54, 55, 58, 62, 65, 70 à 73. Dix pièces dont une double.

CHARLET (N.-T.)

22. Le Soldat français (74). — Cuirassier français portant un drapeau (76). — Le Menuet (77). — La Gamelle compromise (78). — La Cuisine au bivouac (79). — Délassement des consignés (80). Six pièces.

23. Vieillard montrant le portrait de Cambronne à des enfants (81). — Au maréchal Brune (82). L'Instruction militaire (83). — Le Soldat musicien (84). — Les Maraudeurs (86). — L'Aumône (87). Six pièces. La dernière est avant la lettre.

24. L'Aumône (87). — Appel du contingent communal (90). — Les Pénibles adieux (92). — J'attends de l'activité (94). Quatre pièces, la première est avant la lettre.

25. Costumes militaires imprimés chez Lasteyrie en 1817 et 1818. (nos 110 à 126). Suite très-rare de dix-sept pièces dont nous n'avons que seize.

26. Dragon d'élite. — Grenadier à pied de la vieille garde (155 et 156). Deux pièces.

27. Suite de trente pièces représentant des costumes de la garde impériale (cat. Lacombe, 157, 186).) Épreuves du premier tirage.

28. La même suite. Épreuves du même état.

29. Costumes d'infanterie (armée de 1809) (187 à 201). Suite de douze pièces dont nous n'avons que neuf.

30. Costumes militaires de 1789 à 1793 (no 211 à 217). Suite de sept pièces.

31. L'Empereur et la Garde impériale (no 218 à 264), quatorze pièces de cette suite. Très-rares épreuves avant la lettre.

CHARLET (N.-T.).

32. Louis XVIII, vu par le dos, au balcon des Tuileries (288 r r r). Très-belle épreuve.

33. Recueil des albums, fantaisies, croquis, etc., parus par suite depuis 1822 jusqu'en 1846 (cat. Lacombe n° 504 à 965). Suite complète. Il y a quelques épreuves doubles, avec différences de tirage. Environ 460 pièces.

34. Sous ce numéro il sera vendu un grand nombre de pièces tirées d'albums et autres.

COROT.

35. Paysages. Deux pièces gravées à l'eau-forte, une est sur chine. Rares.

36. Douze croquis et dessins originaux sur papier autographique, par Corot, tirés à cinquante exemplaires.

COROT (d'après).

37. Douze lithographies d'après Corot, par Émile Vernier, notice par Philippe Burty. Paris, 1870.

DAUBIGNY.

38. Paysages. Quatre pièces. Plusieurs sont tirées du journal *l'Artiste*.

DAUMIER (H.).

39. Sujets politiques, tirés du journal *la Caricature*. Onze pièces. Superbes épreuves.

40. Actualités, croquis d'été, etc. 18 pièces.

DECAMPS.

41. Eaux-fortes et lithographies par et d'après Decamps. Huit pièces.

DELACROIX (E.).

42. Suite de cinq pièces, représentant des croquis de médailles antiques. Très-belles épreuves.

43. Jane Shore. Acte V, sc. II. — Hamlet, Acte V, sc. I. Deux pièces en largeur. Très-belles épreuves sur chine.

44. Frère Martin serrant la main de fer de Gœtz. — Weislingen enlevé par les gens de Gœtz. — Gœtz lisant ses mémoires à sa femme. — Frantz implorant le pardon de Weisslingen, qu'il a empoisonné. Quatre pièces inédites, publiées après la mort de Delacroix.

45. Gœtz blessé, recueilli par des bohémiens. Épreuve avant la lettre.

46. Le Giaour. Très-belle épreuve.

47. Hamlet. Treize sujets dessinés par Eugène Delacroix. Paris, chez Gihaut (Lith. de Villain). Très-belles épreuves.

48. Le même ouvrage, publié par Bertaut, après la mort de Delacroix. On y a ajouté trois planches inédites.

49. Hamlet conseillant à Ophélie d'entrer au couvent. Folie d'Ophélie. Deux pièces avant toutes lettres, non publiées dans la suite. Rares anciennes épreuves.

50. *Meph.* Nous sommes encore loin du terme de notre course. Épreuve sur chine avant toutes lettres.

51. *Meph.* Ce que vous avez de mieux à faire, c'est de jurer sur la parole du maître, etc. Épreuve sur chine avant toutes lettres.

DELACROIX (E.).

52. Dix-sept lithographies et un portrait pour orner le *Faust*, tragédie de Gœthe. Très-belles épreuves.

53. Sous ce numéro, il sera vendu un grand nombre de lithographies, gravures, photographies, fac-simile de dessins, gravures sur bois d'après Delacroix.

DELATRE (Aug.).

54. Études de paysages. 38 pièces à l'eau-forte.

FLAMENG (L.).

55. Jésus guérissant les malades. — La Ronde de nuit. — Deux pièces gravées à l'eau-forte, d'après Rembrandt. Très-belles épreuves.

FRAGONARD (H.).

56. Bacchanales. Quatre pièces gravées à l'eau-forte. Très-belles épreuves.

FRAGONARD (d'après).

57. Vignettes pour illustration des contes de La Fontaine. Quinze pièces. Superbes épreuves.

GELÉE (Claude).

58. Le Passage du gué (H. D. 3.). — La Tempête (5). — La Danse au bord de l'eau (6). — Le Naufrage (7). — Le Dessinateur (9). — La Danse sous les arbres (10). Le Port de mer à la grosse tour (13). — Le Troupeau en marche par un temps orageux (18). — Berger et Bergère conversant (21). — Enlèvement d'Europe (22). — La Danse villageoise (24). Onze pièces. Anciennes épreuves.

GELÉE (CLAUDE d'après).

59. Liber veritatis. Collection de fac-simile des dessins de Claude Lorrain, gravés par R. Earlom, faisant partie de la collection du duc de Devonshire. Trois volumes publiés de 1777 à 1804. Exemplaire incomplet, contenant 259 planches au lieu de 300. Le texte manque.

60. Le troisième volume du même ouvrage. Exemplaire ~~complet~~.

61. Fac-simile de dessins flamands, hollandais, par Ploos Van Amstel et autres. 60 pièces.

GÉRICAULT (J.-L.-TH.).

62. Entrance to the Adelphi Wharf. Pièce imprimée à Londres. Très-belle épreuve.

63. Études de chevaux et sujets divers. 38 pièces.

GOYA (F.).

64. Portraits d'après Vélasquez. — Combats de taureaux. — Les Proverbes, etc. 53 pièces.

GRANVILLE.

65. Sujets politiques tirés du journal *la Caricature*. Neuf pièces. Superbes épreuves.

HUET (J.B. d'après).

66. Le Mouton chéri. — La jeune Bergère. Deux pièces gravées aux trois crayons, par Demarteau. Très-belles épreuves.

INGRES.

67. Odalisque. Belle épreuve.

ISABEY (E.).

68. Marines et vues d'Auvergne. Six pièces. Épreuves sur chine.

JACQUES (Ch.).

69. Cent cinquante-neuf pièces de son œuvre. Beaucoup sont en épreuves du premier état.

JONGKIND.

70. Vues de différents ports de mer. Huit pièces gravées à l'eau-forte.

LALANNE (Maxime).

71. Chez Victor Hugo. — Vues de Paris. Quinze pièces.

LAVREINCE (d'après).

72. La Soubrette confidente. Gravé par Vidal.

LEGROS (A.).

73. La petite Marie (Cat. de l'œuvre de Legros, n° 30). 3e état. — Portrait de Th. Carlyle (33), 3e état. — Le chœur d'une église espagnole (50), 2e état sur chine. — Les chantres espagnols (50), 3e état. — La même pièce, d'un état non décrit. La Femme en mantille n'est pas encore enlevée et la lettre est effacée. — Le Paysage au bateau (106), 2e état. — Le Coup de vent (110). Sept pièces.

MERYON (Ch.).

74. Son portrait, gravé à l'eau-forte, par Bracquemond (Cat. de son œuvre, publié par M. Ph. Burty. Gazette des Beaux-Arts, t. 14 et 15). Très-belle épreuve du premier état, avec quatre vers en bas. Sur papier du Japon.

75. Vue du pavillon de Mademoiselle et d'une partie du Louvre en 1650. — Entrée du Faubourg-Saint-Marceau, à Paris. — Un Moulin à eau près de Saint-Denis (6, 7, 8). Trois pièces d'après Zeeman. Très-belles épreuves.

MERYON (Ch.).

76. Entrée du Couvent des Capucins français à Athènes (14). Superbe et très-rare épreuve du premier état avant le titre, avant t. 1, 6, 76, qui se lit dans le ciel; avant C. Meyron. *Sculp.*, et l'adresse de Pierron. — Delâtre, r. Montfaucon.

77. La Salle des Pas-Perdus, d'après Ducerceau (15). Très-belle épreuve.

78. Chenonceau, d'après Ducerceau (16). Très-belle épreuve.

79. Le Pont-au-Change, vers 1784, d'après un dessin de Nicolle, tiré du cabinet de M. Destailleur (19). Très-belle épreuve.

80. San Francisco (21). Très-belle épreuve sur chine.

81. Rue Pirouette, aux halles, 1860 (23).

82. Présentation au roi Louis XI du *Valère Maxime*, imprimé à Paris vers 1475 (24). Très-belle épreuve.

83. Chevet de Saint-Martin-sur-Renelle, église paroissiale supprimée en 1791, d'après Polyclès Langlois (25). Très-rare épreuve d'essai avant la lettre et avant divers travaux, sur chine.

84. La même estampe. Épreuve avec la lettre.

85. Passerelle du Pont-au-Change après l'incendie de 1621, d'après un ancien dessin de la collection Lagoy, actuellement chez M. Bonnardot (26). Très-belle épreuve.

86. Partie de la cité de Paris, vers la fin du XVIIIe siècle, sur la rive gauche de la Seine (27). Très-rare épreuve du premier état avant le ciel, les tours Notre-Dame et la fumée sortant des deux grandes cheminées vers la droite. Sur chine.

MERYON (Ch.).

87. La même pièce. Très-rare épreuve du deuxième état avant la lettre, et avec l'inscription E. Meryon, etc., sur la grande pancarte au-dessus des pignons à droite.

87 *bis*. La même pièce. Belle épreuve avec la lettre.

88. Le grand Châtelet à Paris, d'après un dessin exécuté vers 1780 (28). Très-rare épreuve avant le ciel, et divers travaux dans les ombres. État non décrit.

89. La même pièce. Superbe épreuve du premier état décrit avant toutes lettres, mais avec tous les travaux indiqués ci-dessus. Sur chine.

90. La même pièce. Très-belle épreuve avec la lettre.

91. Vue de l'ancien Louvre du côté de la Seine (1651), d'après Zeeman. Pièce non décrite publiée par la chalcographie du Louvre. Épreuve avant toute lettre.

92. Vue du collége Henri IV. Très-rare épreuve, avec la mer dans le fond, avant le ciel et le groupe de maisons entre le collége et la partie gauche de la planche. Avant toute lettre.

93. La même pièce. Rare épreuve avec la mer dans le fond, le ciel et le groupe de maisons terminés, l'adresse de l'imprimeur et celle de Rochoux, avec légende dans la droite de la marge du bas et avant les initiales du maître dans le milieu du haut de l'estampe.

94. La même pièce. Rare épreuve avec les initiales du maître dans le milieu du haut.

95. La même pièce. La mer, le ciel et la légende du bas sont effacés. Très-rare; le fond est blanc.

MERYON (Ch.)

96. La même pièce. Épreuve avec le fond entièrement regravé et la légende du premier état ci-dessus remplacée par une autre au milieu de la marge du bas.

97. Bain froid Chevrier, dit de l'École. Très-belle épreuve.

98. Le Ministère de la marine. Bonne épreuve.

99. Eaux-fortes sur Paris (29). — A. Reinier, dit Zeeman, peintre et eau-fortier (30). Deux pièces.

100. Ancienne porte du Palais-de-Justice (31). Très-belle épreuve.

101. Armes symboliques de la ville de Paris (33).

102. Le Stryge (35). Superbe épreuve du premier état, avec le nom, la date et l'adresse de l'imprimeur, et au-dessous deux vers écrits en caractères gothiques.

103. La même pièce. Épreuve avec les vers effacés.

104. Le Petit-Pont (36). Superbe épreuve du premier état, avant toutes lettres, avec les initiales dans le haut à droite.

105. La même pièce. Très-belle épreuve du même état.

106. L'Arche du pont Notre-Dame (37). Très-belle épreuve du deuxième état, avant la lettre.

107. La même pièce. Épreuve avec la lettre.

108. La Galerie de Notre-Dame (38). Très-belle épreuve du premier état terminé, avec le nom de Meryon et l'adresse de l'imprimeur.

109. La même pièce. Épreuve avec la lettre.

MERYON (Ch.)

110. La Tour de l'Horloge (40). Très-belle épreuve du premier état, avec les initiales C. M. dans le haut de la droite, mais avant toutes lettres.

111. La même pièce. Très-belle épreuve du même état.

112. Tourelle de la rue de la Tixeranderie, démolie en 1851 (41). Très-belle épreuve du premier état avec les initiales C. M. dans le haut de la droite.

113. La même pièce. Très-belle épreuve du même état.

114. Saint-Étienne-du-Mont (42). Très-belle épreuve du premier état.

115. La même pièce. Très-belle épreuve du même état.

116. La Pompe Notre-Dame (43). Très-belle épreuve du premier état, avec le nom et l'adresse de l'imprimeur écrits en caractères renversés.

117. Le Pont-Neuf (45). Très-belle épreuve du premier état, avec la cheminée de la Monnaie et avant les vers dans la marge du bas.

118. La même pièce. Très-belle épreuve du deuxième état, avec la cheminée et les vers.

119. Le Pont-au-Change (46). Très-belle épreuve du premier état terminé, avec le nom de Meryon et l'adresse de l'imprimeur, et avec le ballon dans les nuages portant le mot : *Speranza*.

120. La même pièce. Très-belle épreuve du même état.

121. La Morgue, 1850 (48). Très-belle épreuve du deuxième état, avec le nom de Meryon et l'adresse de l'imprimeur.

MERYON (Ch.).

122. La même pièce. Épreuve avec la lettre.

123. L'Abside de Notre-Dame de Paris (50). Superbe et rare épreuve du premier état terminé avant toutes lettres.

124. La même pièce. Très-belle épreuve du deuxième état, avec le nom de Meryon et l'adresse de l'imprimeur, mais avant la lettre.

125. Le Tombeau de Molière (51). Belle épreuve.

126. Adresse de Rochoux (52).

127. Tourelle de la rue de l'École-de-Médecine (53). Très-rare épreuve d'un état non décrit, avant le ciel et le mot *Cabat* sur la tourelle, avant les mots *Fiat lux* sur le livre ouvert que tient la Justice. Le ciel est dessiné au crayon.

128. La même pièce. Très-rare épreuve d'un état non décrit avant la lettre, mais avec les figures effacées dans le ciel. La bordure du haut est encore cintrée et le ciel non terminé à la place des figures.

129. La même pièce avec la lettre, mais avant la date de 1861 au-dessous du titre.

130. Rue des Chantres (54). Très-belle épreuve avant toutes lettres.

131. La même pièce. Épreuve avec la lettre.

132. La Rue des Toiles, à Bourges (56). Très-belle épreuve du premier état, avec le nom de Meryon et l'adresse de l'imprimeur; on distingue à gauche un chien fouillant des immondices.

MERYON (Ch.).

133. La même pièce. Épreuve avec la lettre.

134. Ancienne habitation à Bourges (57). Épreuve avec la lettre.

135. Voyage de la corvette *le Rhin*. Nouvelle-Zélande. Greniers indigènes et habitations à Akaroa, 1845 (61). Très-belle épreuve avant toutes lettres. Sur chine.

136. La même pièce. Belle épreuve avec la lettre.

137. Nouvelle-Calédonie. Grande case indigène sur le chemin de Poëpo (62). Belle épreuve sur chine.

138. Océanie. Ilots à Urea-Wallis. Pêche aux palmes (63). Très-belle épreuve avant toutes lettres.

139. Océanie. Ilots à Urea-Wallis. Pêches aux palmes, 1845. — Nouvelle-Zélande. Presqu'île de Banks, 1845. Pointe dite des Charbonniers à Akaroa (63-64). Deux pièces.

140. Vers à M. Blery (65).

141. Loi solaire (69).

142. Projet d'encadrement pour le portrait d'un imprimeur (72). Épreuve du premier état sur chine.

143. Rébus : « Ci-gît la vendetta en 1863 » et « Béranger ne fut véritablement fort, car il n'eut jamais la clef des chants » (73 et 74). Deux pièces.

144. Portrait d'Evariste Boulay-Paty (77). Très-rare épreuve avant les initiales C. M. et l'année. Sur chine.

145. Le même portrait. Très-belle épreuve sur chine.

MERYON (Ch.).

146. Portrait d'homme en pied en costume du moyen âge. Épreuve sans aucunes lettres, sur chine. Non décrit.

MICHELIN.

147. Paysages. Sept pièces gravées à l'eau-forte. Plusieurs épreuves sont tirées sur papier du Japon.

MILLET (J.-F.).

148. La Couseuse, 1855. Épreuve du premier état, imprimée sur vieux papier.

149. La Batteuse de beurre, 1855. Épreuve du premier état imprimée sur vieux papier.

150. Paysan rentrant du fumier, 1855. Épreuve du premier état, sur vieux papier.

151. Les Bêcheurs. 1855. Epreuve du 4e état, avec l'adresse de Delâtre au bas de la droite.

152. Les Glaneuses. 1855. Epreuve du 2e état, avec l'adresse de Delâtre au bas de la droite.

153. Femmes cousant à la veillée. 1855. Etat unique. Extrêmement rare, la planche ayant été détruite ; imprimé sur vieux papier.

154. La Cardeuse. 1862. Etat unique. Extrêmement rare. Epreuve imprimée sur vieux papier.

155. Jeune Mère donnant à manger à son enfant. 1861. Epreuve du 3e état.

156. La Gardeuse d'oies. 1863. Pièce gravée à la pointe sèche, imprimée sur chine volant. Extrêmement rare.

MILLET (J.-F.).

157. Départ pour le travail. 1863. Epreuve du 3e état. Rare.

158. Auvergnate filant en gardant des chèvres. 1868. (Sonnets et eaux-fortes.) Planche détruite.

159. La Couseuse, 1er état. — La Batteuse de beurre, 1er état. — Paysan rentrant du fumier, 1er état. — Les Bêcheurs, 3e état, avant l'adresse de Delâtre. — Les Glaneuses, 1er état. Suite de cinq pièces publiées en 1855. Superbes épreuves sur chine collé.

160. La Couseuse, 1er état. — La Batteuse de beurre, 2e état. — Paysan rentrant du fumier, 1er état. — Les Bêcheurs, 4e état. — Les Glaneuses, 2e état. Suite de cinq pièces. Très-rares épreuves imprimées sur vélin.

LITHOGRAPHIE.

161. Olivier de Serres, seigneur du Pradel. 1858. Très-rare.

BOIS.

162. Bergère assise, gravé par J.-B. Millet en 1854.

163. Femme vidant son seau, gravé par P. Millet en 1862.

Les états des eaux-fortes de Millet sont tirés du catalogue de son œuvre, qui sera publié prochainement à la fin du volume de : *La Vie de Millet*, par A. Sensier.

MORGHEN (B.).

164. La Jurisprudence, d'après Raphaël. Belle épreuve.

NAIWINCX (H.).

165. Paysage où se voit, sur le devant, une rivière baignant un groupe d'arbres. (B. 15.) Très-belle épreuve.

NIEL (Mlle Gabrielle).

166. Vues de Paris. Huit pièces gravées à l'eau-forte.

PORTRAITS.

167. Sous ce numéro il sera vendu deux portefeuilles renfermant un grand nombre de portraits de personnages célèbres de la Révolution française ; poëtes, compositeurs de musique, acteurs et actrices, femmes célèbres, etc.

PROUT (S.).

168. Place de la Pucelle à Rouen. — Le pont de l'Arche à Rouen. Deux lithographies publiées à Londres en 1821 et 1823.

PRUD'HON (d'après).

169. Sous ce numéro il sera vendu un lot d'estampes, photographies et lithographies d'après Prud'hon.

RAFFET (Denis-Aug.-Marie).

170. S. A. R. le duc d'Aumale (8). — Louis Blanc (9). — Souvenir de Santicios (14). — Le colonel Maule (19). — F. Douay (22). — Manèque (23). — Tiersonnier (28). — Le cardinal Antonelli (30). — Le colonel Bouat (33). — Le même personnage (35). — Madame Laure Raffet (37). — M. Auguste Raffet (38-39). — M. Eugène Bry (40) ; croquis divers (139, 190, 193, 195). Dix-neuf pièces sur chine.

171. Retraite du bataillon sacré à Waterloo (80). — Combat d'Oued-Alleg (82). Deux pièces. Très-belles épreuves.

172. Combat d'Oued-Alleg (82). — Le Réveil (85). — La Revue nocturne (429). Trois pièces. Très-belles épreuves.

173. Le Drapeau du 17e léger (83). Très-belle épreuve sur chine.

174. Un Génie ailé (97). — Némésis (120). — Le Compagnon du tour de France (123). — Napoléon en Égypte (119). — Algérie ancienne et moderne (125). Cinq pièces.

RAFFET.

175. Albums de 1829 à 1837. Neuf cahiers complets.

176. Sujets tirés d'Albums. Trente-cinq pièces.

177. Siége d'Anvers et Prise de Constantine. Quinze pièces

178. Souvenirs d'Italie, expédition de Rome. Suite complète de trente-six pièces (557 à 593). Très-belles épreuves sur chine.

179. Dix-neuf pièces doubles de la suite précédente. Très-rares épreuves de premier tirage ; plusieurs sont avant la lettre et avant divers changements dans les titres.

180. Voyage dans la Russie méridionale et la Crimée par la Hongrie, la Valachie et la Moldavie. Suite de cent planches dont nous n'avons que soixante-dix-neuf. Epreuve de premier tirage. Beaucoup sont avant les numéros et avec remarques dans les titres.

181. Croquis : Essai de divers procédés. Quatorze pièces sur chine.

REMBRANDT (P. Van Ruyn).

182. Vue ancienne d'Amsterdam (B. 210), cl. 207. C. B. 313. Très-belle épreuve.

183. La Barque à la voile (B. 228), Cl. 225. C. B. 329. Très-belle épreuve.

ROUSSEAU (Th.).

184. Une Vue du Berry. 1842. Il n'existe que deux épreuves de cette pièce.

ROUSSEAU (Th.).

185. Une Vue du plateau de Belle-Croix. 1848. Epreuve sur chine collé. (Ces deux gravures sont très-rares et n'ont pas paru. Il n'en existe que quelques épreuves d'essai ; de la première je n'en connais que deux : Alfred Sensier ; souvenirs sur Th. Rousseau, page 259.)

186. Le Chêne de Roches. 1861. Epreuve d'essai, du 1er état avant la signature du maître au bas de la droite.

187. La même pièce. Epreuve du 2e état, avec la signature à la pointe dans le bas de la droite. (La planche de cette eau-forte, prêtée à la *Gazette des Beaux-Arts*, a été perdue).

188. Le Cerisier de la plante à Biau (forêt de Fontainebleau).

189. La Plaine de la plante à Biau (forêt de Fontainebleau). Ces deux dernières pièces sont des héliographies sur verre obtenues par le procédé Cuvelier. Extrêmement rares.

SEYMOUR-HADEN.

190. L'Ecluse d'Egham (Cat. Ph. Burty, n° 9); 2e état. — L'habitation de lord Harrington (6), 3e état. — Vues de la Tamise. Trois pièces.

SILVESTRE et **PERELLE.**

191. Vues de France. Trente-deux pièces.

192. Description des fêtes données par la ville de Paris à l'occasion du mariage de Madame Louise-Élisabeth de France et de don Philippe d'Espagne. Paris, 1740. 1 vol. in-fol., mar. rouge, aux armes de la ville de Paris.

ORDRE DES VACATIONS

TABLEAUX ET DESSINS DE L'ÉCOLE MODERNE

EXPOSITIONS { Particulière : Le Samedi, 8 Décembre 1877.
Publique : Le Dimanche, 9 Décembre 1877.

De une heure à cinq heures.

VENTE :

Le Lundi, 10 Décembre : Les TABLEAUX.

Les Mardi, 11 et Mercredi, 12 Décembre : Les DESSINS.

TABLEAUX ET DESSINS DES ÉCOLES ANCIENNES

EXPOSITION : Le Jeudi, 13 Décembre 1877.

De une heure à cinq heures.

VENTE :

Le Vendredi, 14 Décembre : Les TABLEAUX et DESSINS.

Le Samedi, 15 Décembre : Les DESSINS.

ESTAMPES — MONNAIES — OBJETS D'ART

(Voir le Catalogue spécial)

EXPOSITION : Le Dimanche, 16 Décembre 1877.

De une heure à cinq heures.

VENTE :

Le Lundi, 17 Décembre : Les ESTAMPES.

Le Mardi 18 Décembre : Les MONNAIES et OBJETS D'ART.

Paris. — Typ. Pillet et Dumoulin, 5, rue des Grands-Augustins.

www.ingramcontent.com/pod-product-compliance
Ingram Content Group UK Ltd.
Pitfield, Milton Keynes, MK11 3LW, UK
UKHW021153230726
13926UKWH00001B/83